BEI GRIN MACHT SICH IHR WISSEN BEZAHLT

Soziologische Grundlagen der sozialen Arbeit

K. Schreib

Bibliografische Information der Deutschen Nationalbibliothek:

Die Deutsche Nationalbibliothek verzeichnet diese Publikation in der Deutschen Nationalbibliografie; detaillierte bibliografische Daten sind im Internet über http://dnb.d-nb.de abrufbar.

ISBN: 9783346765901
Dieses Buch ist auch als E-Book erhältlich.

Druck und Bindung: Books on Demand GmbH, Norderstedt Germany
Gedruckt auf säurefreiem Papier aus verantwortungsvollen Quellen

Das vorliegende Werk wurde sorgfältig erarbeitet. Dennoch übernehmen Autoren und Verlag für die Richtigkeit von Angaben, Hinweisen, Links und Ratschlägen sowie eventuelle Druckfehler keine Haftung.

Das Buch bei GRIN: https://www.grin.com/document/1299260

Soziologische Grundlagen der Sozialen Arbeit

Einsendeaufgabe

Alternative A

SRH Fernhochschule

Inhaltsverzeichnis

Aufgabe 1

Max Weber gilt als einer der großen Soziologen um die Jahrhundertwende. Er hat sich mit den soziologischen Grundbegriffen und dem Begriff des sozialen Handelns beschäftigt.

Den Ausdruck des „sozialen Handelns" verbindet man in der Regel mit dem Soziologen Max Weber, welcher die Soziologie als Wissenschaft des sozialen Handelns beschreibt. Soziales Handeln ist der Gegenstandsbereich der Soziologie.

Laut Weber gibt es in der Soziologie drei wichtige Schlüsselbegriffe. Das Deuten, Verstehen und das Erklären. Subjektive Handlungen werden erstmals erfasst und interpretiert, bevor man sie in Konzepten verstehen kann. Die Handlungen können im dritten Schritt erklärt werden, das heißt immer wiederkehrende Konstanten im menschlichen Verhalten werden offenbart. Dies ist die Hauptaufgabe in der Soziologie. Sie untersucht den Zweck, den Wert und besonders den Sinn des menschlichen Verhaltens. (Winckelmann, J. S. 542-562)

Max Weber geht davon aus, dass soziales Handeln das Handeln eines Menschen ist, das von dem Verhalten eines anderen beeinflusst und dadurch auch verändert wird. (Weber, M S. 1-31)

Das soziale Handeln soll bezüglich Ablauf und Wirkung ursächlich erklärt werden. Zunächst wir das Wort „sozial" definiert, denn das Alltagsverständnis dieses Wortes widerspricht der Definition von Max Weber. Im Alltag wird „sozial" mit ethnischen und moralischen, sowie sozialphilosophischen und gesellschaftskritischen Vorstellungen beschrieben. Das bedeutet Rücksichtnahme auf andere, Akzeptanz gegenüber verschiedenen Personen, Solidarität und Verbesserung der sozialen Lage anderer.

Webers Begriff von sozialem Handeln meint sinnhaftes Handeln. Es bezeichnet das Handeln, das auf andere bezogen ist. Im soziologischen Sinn ist dies das gesamte Handeln, das bewusst oder unbewusst auf das Verhalten anderer Personen bezogen wird. (J.C.B. Mohr(2002)

Max Weber bezeichnet den Begriff „Handeln" als ein menschliches Verhalten mit einem bestimmten Sinn. Dieser Sinn kann aus Tradition, kulturellen Vorgaben, verschiedenen Wertorientierungen oder die geltenden gewünschten Ziele der Gesellschaft entstehen. Diese Vorschriften bestimmen unser Handeln und garantieren somit auch das Verstehen dieser Handlungen. Daraus lässt sich schließen, dass soziales Handeln das Verhalten beschreibt, welches sich auf das Verhalten eines anderen bezieht. (Abels; o.J, S. 136)

Ein Beispiel für soziales Handeln ist zum Beispiel das Wegräumen von Baumstämmen auf einer viel befahrenen Straße. Die Person, die die Stämme aufräumt, denkt an die kommenden Autofahrer. Ihr persönlicher Sinn dahinter sind die anderen Verkehrsteilnehmer, die nun unbeschwert die Straße befahren können. Soziales Handeln ist somit mit einem subjektiven Sinn verbunden.

Wie am Beispiel ersichtlich, hängt das soziale Verhalten nach Webers Definition von einem persönlich gemeinten Sinn ab. Er erklärt die Bedeutungen des sozialen Handelns noch detaillierter, sie werden in vier Kategorien differenziert. (Winckelmann, J. S. 565-567)

Die erste Differenzierung des Begriffs soziales Handeln bezieht sich auf das Verhalten anderer Personen in der Vergangenheit, Gegenwart und der Zukunft.

Der zweite Aspekt zeigt auf, dass nicht jedes Handeln soziales Handeln ist. Handeln wird mit einem subjektiven Sinn verbunden, das bedeutet, eine Person reagiert auf das Handeln einer anderen Person. Der Sinn hinter einer Handlung ist immer die Bedeutung der betroffenen Person. Jeder Mensch handelt aus einem Sinn heraus, es gibt also eine sachlich Erklärung für das Handeln. Ein Beispiel für soziales Handeln ist das in die Hände klatschen und anfeuern eines Vereines zweier oder mehr Menschen. Klatscht man einfach so in die Hände, um den Ausdruck der Freude auszudrücken, ist das nur ein Handeln, aber kein soziales, da es sich auf niemanden bezieht. (Weber, M S. 1-31)

Außerdem erklärt Weber, dass nicht jede Bekanntschaft ein soziales Verhalten ist, da das Verhalten einer Person an der Handlung orientiert sein muss. Dies kann anhand eines Fahrradfahrer Beispiels erläutert werden. Zwei Radfahrer fahren aufeinander auf und es kommt zu einem Zusammenstoß. Daraufhin beschimpfen sie sich. Nun ist eine soziale Handlung entstanden. Schimpfen zählt in diesem Fall nicht zur sozialen Handlung, weil das Verhalten der schimpfenden Person in Ordnung und gut ist. Es ist ein soziales Verhalten, weil eine Reaktion, nach der Definition von Max Weber, das Dulden auf ein Verhalten einer anderen Person bezogen ist. Damit ein Verhalten sozial wird, muss es an dem Handeln einer anderen Person orientiert sein. Würden die beiden Radfahrer sich ignorieren und einfach weiter fahren, wäre das ein Ereignis, aber kein soziales Verhalten.

Die vierte Differenzierung ist die massenbedingte Handlung. Lässt man sich von Menschenmassen beeinflussen, wird dies als massenbedingtes Handeln bezeichnet.

Beispielsweise in der heutigen Zeit mit Corona ziehen die Menschen in Parks Masken auf, auch wenn sie nicht zwingend müssen. Haben mehrere Menschen eine Maske auf, und fordern daher eine Person auf, dasselbe zu tun, so würde sie ihre Maske auch aufsetzen. Dadurch, dass das eigene Handeln von anderen beeinflusst wird, spricht man nun nichtmehr von sozialem Handeln, sondern von einer Massenbedingten Handlung. Würde die Person jedoch sagen, dass es keine Pflicht ist die Maske aufzusetzen und dies daher auch nicht tun, wäre es soziales Handeln. Die Person würde bei ihrer Meinung bleiben und sich nicht von der Meinung anderer beeinflussen lassen.

Ein weiteres Beispiel von massenbedingtem Handeln wäre, wenn eine Person beschließt, von einem Treffen mit Freunden nach Hause zu gehen, er aber von den anderen noch einmal zurück gezogen und gefragt wird, ob er nicht noch ein wenig länger bleiben wolle. Entscheidet die Person sich aufgrund des Verhaltens der anderen Personen dazu, zu bleiben, wäre es ein massenbedingtes Handeln, also von anderen beeinflusst. Geht sie jedoch tatsächlich nach Hause, wie sie es vorhatte, wäre es soziales Handeln.

Max Weber hat sich zusätzlich noch tiefgreifender mit der Thematik des eigentlichen Sinnes hinter der Handlung beschäftigt. Er unterteilte das soziale Handeln in vier Bestimmungsgründe des Handelns. Diese sind das zweckorientierte Handeln, das wertrationale Handeln, die affektive Aktion und die traditionale Aktion. (Weber, M. S. 1-31)

Beim zweckrationalen Handeln werden gezielte Mittel eingesetzt, um Ziele zu erreichen. Man orientiert sich an Zwecken und Nebenfolgen. Im zweckrationalen Handeln plant man sein Vorgehen, damit die gezielten Mittel ihre Wirkung haben.

Beim wertrationalen Handeln agiert der Handelnde in seinem Sinne und nimmt keine Rücksicht auf Folgen. Dies wird häufig in Religionen festgestellt. Dort handelt man häufig aus strenger Gehorsamkeit und Befehl heraus. Wenn einer Person vorgelebt wird, dass man sich und seinen Körper verstecken muss, wird diese Person das immer tun und auch in weiteren Familienkreise und Freundeskreisen versuchen, dieses vorgelebte Bild weiterzuführen. Im extremsten Fall käme es zu einer Unterdrückung anderer Menschen.

Mit der affektiven Aktion wird das emotionale Verhalten beschrieben. Der Handelnde reflektiert sein Verhalten nicht, da er starken Gefühlen ausgesetzt ist, welchen er nachgehen möchte. Daraus resultiert, wie bei dem wertrationalen Verhalten, rücksichtsloses Handeln. Ein Beispiel wäre ein Paar, das sich vor kurzem gestritten hat. In der Regel führen die beiden Personen eine gute Beziehung, nun ist aber eine Person gekränkt worden und wird daraufhin wütend. Im nächsten Schritt macht er/sie seinem Partner/Partnerin heftige Vorwürfe, schreit sie/ihn an. Der Handelnde reflektiert sein Verhalten in diesem Moment nicht und agiert gefühlsgesteuert. Das führt dazu, dass der Streit nur schlimmer wird und man die andere Person weitaus mehr verletzt, als es hätte sein müssen.

Die traditionale Aktion orientiert sich an täglichen Gewohnheiten und Ritualen. Hierbei entsteht keine rationale Bewertung der Handlung, da sie aus der Gewohnheit, also aus Automatismen heraus resultiert. Diese Handlung ist eine der häufigsten, da fast jeder Mensch gewohnte Abläufe kennt, aus Routinen und Gewohnheiten heraus handelt.

Zusammenfassend ist festzustellen, dass sich soziales Handeln sehr selten nur an der einen oder anderen Art orientiert. Die oben genannten Begrifflichkeiten wurden rein für soziologische Zwecke geschaffen, denn das reale Handeln in wirklichen Situationen kommt nur ansatzweise an die Realität heran. Oft ist es eine Mischung aus mehreren Formen, da die Menschen aus verschiedenen Gründen handeln. Um Verhalten in der Theorie erläutern zu können, sind die Ansätze von Max Weber eine gute Vorlage, auf die jederzeit zurückzugreifen ist.

Aufgabe 2

Einleitend wird erläutert, was eine soziale Gruppe kennzeichnet und was die Soziologie darunter versteht. Im weiteren Verlauf ist eine Beschreibung der sozialen Gruppen von Bedeutung. Außerdem ist eine Erläuterung der Darstellung der unterschiedlichen Untergruppen und ihrer einzelnen Merkmale erforderlich.

Jedes Individuum ist Teil einer Gruppe. Eine soziale Gruppe kann beispielsweise die Familie sein, der Freundeskreis, der Verein oder die Kollegen. (Schäfers, B. S. 128)

Unter einer sozialen Gruppe versteht man eine dauerhafte, wechselseitige Beziehung zwischen verschiedenen Personen.

In der Soziologie spricht man von einer sozialen Gruppe, wenn diese größer als zwei Personen ist und vier Merkmale aufweist. Diese sind regelmäßige, sowie strukturierte Interaktionen, gemeinsame Werte, Ziele und Normen, sowie das Wir Gefühl (Zusammengehörigkeitsgefühl) (Vgl. im Folgenden Schimank (2007), S. 219-220)

Es gibt verschiedene Zeitrahmen einer Gruppe. Einige bestehen ein Leben lang, wie z.B. die Familie, auch Primärgruppe genannt. Andere sind von kurzer Dauer, wie z.B. Arbeits- oder Projektgruppen in der Schule oder in einem Unternehmen. Diese nennt man Sekundärgruppen. Das Bestehen von Gruppen hängt von den Interessen ab. Eine Projektgruppe bleibt so lang zusammen, bis das Ziel einer guten Präsentation erreicht wurde. Die Grundvoraussetzung für das Erreichen des Gruppenzieles ist die regelmäßige Interaktion. Jedes Mitglied verfolgt innerhalb der Gruppe eine bestimmte Aufgabe, die am Ende zum Ziel führt. Die Mitglieder untereinander sind voneinander abhängig und müssen somit zusammenarbeiten. Es entstehen folglich ein Zusammenhalt und das „Wir-Gefühl". (Prändl, 2011)

Neben der Funktion der Gruppe gibt es auch verschiedene Formen der Gruppe. Es gibt die Unterteilung von Primär- und Sekundärgruppen, die informellen- und formellen Gruppen, sowie offenen- und geschlossenen Gruppen. Im Folgenden werden alle Gruppen kurz erläutert.

Der US amerikanische Soziologe Charles H. Cooley (1864-1929) unterschied zwischen primären und sekundären Gruppen. Als Primärgruppe versteht Cooley die Familie, gleichaltrige, sowie die Personen im engeren Umfeld. Die Primärgruppe vermittelt „die früheste und kompletteste Erfahrung vom sozialen Ganzen" (Cooley, 1909, S. 24). Diese Gruppen stehen in regelmäßigem Kontakt, tauschen sich aus, sind Vertraute. Die Beziehungen der Primärgruppe halten oft ein Leben lang.

Als Sekundärgruppe bezeichnet Cooley soziale Gruppen ohne engere persönliche Kontakte. Diese Gruppen sind in der Regel funktionell und verfolgen ein kurzfristiges Ziel, wie z.b. die Organisation eines Festes. Man trifft sich so oft wie nötig, tauscht sich über die wichtigen Dinge aus, um das pragmatische Ziel schnellstmöglich zu erreichen. In dieser Gruppe entsteht kein Wir- Gefühl und sie löst sich wieder auf, sobald ihr Soll erfüllt ist. (Vgl. ein ähnliches Beispiel bei Schimank (2007), S. 225)

In formellen Gruppen gibt es gemeinsame Ziele, Regeln und Normen, an die es sich zu halten gilt. Mitglieder der formellen Gruppe finden sich häufig in der Arbeitswelt wieder. Typisch für solch eine Gruppe ist es, dass die Mitglieder verschiedene Rollen einnehmen, die sie auszuführen haben. Beziehungen innerhalb dieser Gruppe beziehen sich fast ausschließlich auf den Austausch der Aufgabenbewältigung. Ein Beispiel wäre das Team eines Pflegeheimes, welches strukturelle und organisatorische Entscheidungen trifft. Hierbei nehmen die verschiedenen Mitglieder des Teams Aufgabe wahr, welche alle dem Ziel dienen, den Bewohnern das Leben zu verschönern. (Kernbaum, V. (2009))

Informelle Gruppen entstehen meist spontan und sind nicht von strengen Normen abhängig. Sie dienen der Erfüllung persönlicher Bedürfnisse. Beispiele für solche Gruppen sind Familien, Freunde, der Sportverein, aber auch Freundschaften die aus einer formellen Gruppe heraus entstehen. Sie finden häufig durch gemeinsame Interessen zusammen und sind deshalb im Stande, die Organisation gemeinsam zu übernehmen. Das sind beispielsweise Unternehmungen oder Familienfeiern. (Kernbaum, V. (2009))

Des Weiteren wird in offene und geschlossene Gruppen unterschieden. Offene Gruppen können Selbsthilfegruppen oder Gesprächskreise sein. Gekennzeichnet wird diese Gruppe durch die hohe Veränderlichkeit und somit unterschiedlichen Interessen der Mitglieder. (Kernbaum, V. (2009))

Im Gegensatz zur offenen Gruppe gibt es in der geschlossenen Gruppe eine feste Anzahl an Mitgliedern und eine hohe Offenheit gegenüber den anderen Personen. Eine geschlossene Gruppe kann eine (geschlossene) Selbsthilfegruppe sein, sowie eine Therapiegruppe. (Kernbaum, V. (2009))

Eine Person kann in mehreren Gruppen Mitglied sein. Der Mensch ist ein soziales Wesen. Er strebt nach Zugehörigkeit und Beziehung zu anderen. Ein Teil einer Gruppe zu sein fördert die Zufriedenheit und unterstützt die persönliche Identitätsfindung des Menschen. Dies wird anhand der Tätigkeit einer Person aus dem Bereich der sozialen Arbeit veranschaulicht.

Um das Beispiel zu veranschaulichen wird hier ein kleiner Einblick in die Person gegeben. Frau M. ist eine verheiratete Sozialpädagogin mit zwei Kindern. Hauptberuflich arbeitet sie im Maßregelvollzug (MRV) mit der Aufgabe, die Patienten nach ihrer Therapie auszugliedern. Ehrenamtlich arbeitet sie in einer offenen Selbsthilfegruppe. Sie selbst ist Mitglied eines Sportvereins, den sie regelmäßig besucht. Die Kinder von Frau M besuchen ebenfalls einen Verein.

Frau M ist Teil einer primären Gruppe, da sie mit ihrem Ehemann zwei Kinder hat und so als eigene primäre Gruppe angesehen werden kann. Die Bindung zu ihrer Familie ist stark und da sie zusammenwohnen, findet regelmäßige Interaktion statt, die das Zusammengehörigkeitsgefühl steigert.

Außerdem ist sie immer wieder Teil einer sekundären Gruppe, da sie das jährliche Vereinsfest der Kinder, mit den anderen Eltern, plant. Diese Gruppe ist rein funktionell und verfolgt das Ziel eines gut organisierten Festes. Aus dieser Gruppe heraus kann eine informelle Gruppe entstehen, da Frau M gern nach erledigter Arbeit mit der einen oder anderen Mutter einen Kaffee trinken geht. Dabei unterhalten sie sich über die Kinder, über die Verbesserungen im Verein oder über alltägliche Belange des Lebens.

Eine weitere informelle Rolle führt Frau M in ihrem eigenen Sportverein aus. Sie geht in regelmäßigen Abständen in das Training, interagiert mit anderen Personen, arbeitet an ihrer eigenen Verbesserung und steht dabei im regelmäßigen Kontakt zu ihrem Trainer. Alle Mitglieder dieser Gruppe vertreten dieselben Interessen und befriedigen mit dem Zusammenkommen ihre eigenen Bedürfnisse. Gemeinsame Ziele dieser Gruppe können ein selbst organisiertes Turnier sein, an dem jeder teilnehmen kann.

Hauptberuflich arbeitet Frau M in einem Maßregelvollzug. Das ist eine Unterbringung für Menschen, die aufgrund einer Suchterkrankung eine Straftat begangen haben. Ihre formelle Rolle ist hierbei, die Patienten nach erfolgreich abgeschlossener Therapie, in eine Adaption oder wieder nach Hause auszugliedern. Dabei befindet sie sich regelmäßig im Klienten Kontakt, sowie im Kontakt mit dem multiprofessionellen Team, bestehend aus Pflegern, Therapeuten und Ärzten. Bei ihrer Arbeit ist es besonders wichtig, auf Regeln und Normen zu achten, da die Klienten und das gesamte Team davon abhängig sind.

In ihrem Kollegenkreis hat sich nach einiger Zeit mit ihr als Mitglied ebenfalls eine informelle Gruppe entwickelt, da sie regelmäßig in der Mittagspause mit Kollegen spazieren geht und gern nach der Arbeit einen Kaffee trinkt um sich über private Themen auszutauschen. Informelle Gruppen können jederzeit entstehen, da sie die persönlichen Bedürfnisse der Personen befriedigen und der Mensch somit jeden Tag danach strebt, Teil einer Gruppe zu sein.

Aufgrund ihrer ehrenamtlichen Arbeit in einer offenen Selbsthilfegruppe befindet sich Frau M zweimal in der Woche in einer offenen Gruppe. Hier leitet sie jeden Montag und Mittwoch die Gesprächsrunde. Hierbei ist sie die Konstante für die Mitglieder, da diese kommen und gehen können, wann sie wollen. Die Interessen der Gruppe werden durch die hohe Veränderlichkeit der Mitglieder häufig angepasst.

Frau M wurde gefragt, ob sie sich vorstellen könne, bei Krankheitsausfällen, gelegentlich eine geschlossene Selbsthilfegruppe zu leiten. Somit würde sie sich in einer geschlossenen Gruppe befinden, da die Mitglieder über einen längeren Zeitpunkt Teil der Gruppe bleiben.

Abschließend ist festzuhalten, dass Personen häufig in verschiedenen Gruppen Mitglied sind. Oftmals sogar in denselben Gruppenformen, jedoch mit anderen Mitgliedern. Dies sieht man am Beispiel von Frau M deutlich. Sie befindet sich aufgrund ihrer Arbeit und persönlichen Interessen in allen genannten Gruppen. In der formellen Gruppe findet sie sich öfter wider, da sie sich mit den Eltern des Vereins der Kinder versteht, ebenso wie mit ihren Kollegen von der Arbeit.

Aufgabe 3

„The Organisation for Economic Co-operation and Development", kurz OECD, ist eine internationale Organisation für wirtschaftliche Zusammenarbeit und Entwicklung, die sich ein besseres Leben, durch bessere Politik als Ziel gesetzt haben. Die Organisation hilft Ländern dabei, die Lebensqualität der Bürger zu steigern. Dies soll anhand verschiedener Empfehlungen verdeutlicht werden.

Empfehlung 1 – Asylbewerbern frühzeitig Integrationsmaßnahmen anbieten

Als erste Empfehlung sieht die OECD eine schnelle Integrationsmaßnahme für Asylbewerber vor. Um eine langfristige Arbeitsstelle zu erhalten, ist es von besonderer Wichtigkeit, die Sprache des jeweiligen Landes zu beherrschen. Dies soll mit schnellem Zugang zur Sprachförderung gewährleistet werden, weshalb Deutschland im Jahr 2015 die Angebote und Kurse dafür verbessert hat. Deutschlands wichtigste Integrationsmaßnahme ist die Teilnahme an Integrationskursen, sowie die Ausdehnung und Verbesserung der Kurse zur Eingliederung. Ziel sind fortgeschrittene Deutschkenntnisse und somit die Erhöhung der Bleibeperspektive.

Jedoch konnte durch den zunehmenden Ansturm von Asylbewerbern keine Garantie für eine schnelle Teilnahme an den Kursen gewährleistet werden. Zudem gab es einen Engpass an Lehrkräften, was wiederrum zu Engpässen der Kursangebote führte und letztendlich zu wochenlangen Wartzeiten.

Aufgrund der starken Zunahme von Neuzuwanderern wurden Überlegungen zu Online Kursen als Ergänzung zum Präsenzunterricht getroffen. Sie können dazu genutzt werden, um Kenntnisse aufrechtzuerhalten und zu verbessern. Ein Vorteil der Kurse sind die flexiblen Lernzeiten. Eine Schwierigkeit aus Sicht der OECD sind die unvorhersehbaren Schwankungen der Nachfragen der Integrationssysteme.

Ein weiteres, jedoch seltenes Angebot ist die berufsbezogene Deutschsprachförderung, die voraussetzt, dass die Teilnehmer zuvor an einem Integrationskurs teilgenommen haben oder bei Nichtteilnahme mindestens über Deutschkenntnisse im Sprachniveau B1 verfügen. Im besten Fall wird dies über den Arbeitgeber angeboten. In diesem Programm können Asylbewerber ein Praktikum absolvieren, an einem Fachunterricht teilnehmen und Betriebe besichtigen. (OECD, 2017, S. 37-42)

Empfehlung 2 – Arbeitsmarktzugang für Asylbewerber erleichtern

Je früher Flüchtlinge Zugang zum Arbeitsmarkt bekommen, desto höher die langfristige Integrationschance. Voraussetzung dafür ist ein legaler Zugang zum Arbeitsmarkt. Lange Phasen der Nichtaktivität der Betroffenen können zu negativen, psychologischen Effekten führen und beeinträchtigen die zukünftigen Beschäftigungschancen. Um den illegalen Zugang zur Arbeit zu verhindern, gelten für Asylbewerber bestimmte Regeln, wie z.b. Wartezeiten und Arbeitsmarktprüfungen. Erforderlich für eine Arbeitsaufnahme der Asylbewerber, die sich seit mindestens 3 Monate und maximal 15 Monaten in Deutschland aufhalten, ist die Arbeitsmarkts Prüfung, sowie die Zustimmung der lokalen Ausländerbehörde und der Bundesagentur für Arbeit. Dafür muss ein Arbeitsplatzangebot vorgelegt werden.

Trotz der theoretischen Verkürzung der Dauer des Arbeitsmarktzuganges kann es in einzelnen Fällen nicht schnell umgesetzt werden, da die Zustimmungen der örtlichen Ausländerbehörde und der Bundesagentur für Arbeit notwendig sind. Beginnen Asylbewerber eine Berufsausbildung, erhalten sie für diese Dauer eine Duldung und können nach dem Integrationsgesetz in dieser Zeit nicht abgeschoben werden. Finden sie unmittelbar nach Beendigung der Ausbildung eine Arbeitsstelle, dürfen sie zwei weitere Jahre in Deutschland verbleiben. Sollte dies nicht der Fall sein, verlängert sich die Duldung auf weitere 6 Monate. Das bietet den Bewerbern eine reelle Chance, sich auf einen Arbeitsplatz, der ihrer Ausbildung entspricht, zu bewerben. Dies ist eine Motivation für die Asylbewerber, verschafft dem Arbeitgeber Planungssicherheit und sichert ihn ab. (OECD, 2017, S. 44-47)

Empfehlung 3 – Eine Verteilungspolitik entwickeln, bei der die Beschäftigungsaussichten berücksichtigt werden

Unter einer Verteilungspolitik versteht man eine gleichmäßige Verteilung, in diesem Fall die Verteilung der Asylbewerber, auf das ganze Land. Hierbei sollen die finanziellen Lasten und Zuständigkeiten gerecht verteilt werden, um das Risiko der Segregation (Absonderung) zu vermeiden. Es wird darauf geachtet, die Flüchtlinge auf Gebiete aufzuteilen, die über eine hohe Arbeitsmarktlage verfügen. Für schnellere Bearbeitung der Anträge, haben sich die Länder auf bestimmte Herkunftsländer spezialisiert. Außerdem hängt die Verteilung auf die Städte von den Einwohnerzahlen ab.

Bis August 2016 durften Flüchtlinge ihren Wohnort frei wählen. Dies wurde mit der Einführung des Integrationsgesetzes abgeschafft. Nun müssen die Betroffenen drei Jahre in dem ihnen zugeteilten Bundesland verweilen. Ausnahmen sind gestattet, wenn ein Familienteil in einem anderen Teil Deutschlands lebt oder man einen

Arbeitsplatz in einer anderen Region findet. Zusätzlich kann die Teilnahme an Integrationsmaßnahmen ebenfalls zum Umzug führen.

Die Integrations- und Wirtschaftslage sollte bei der Verteilung besonders berücksichtigt werden, da die Asylbewerber durch das Integrationsgesetz nun weniger Möglichkeiten haben, das ihnen zugeteilte Bundesland zu verlassen. Die Umverteilungsanträge müssen transparenter gestaltet werden, damit beurteilt werden kann, ob die Arbeits- und Ausbildungsstellen ausreichend zur Verfügung stehen. Diese nötige Flexibilität soll sichergestellt werden, um die Integration nicht zu verhindern. Um die beruflichen Kompetenzen der Flüchtlinge besser nutzen zu können, sollten diese evaluiert werden, bevor sie auf verschiedene Bundesländer verteilt werden. (OECD, 2017, S 48-52)

Empfehlung 4 – Im Ausland erworbene Qualitäten und Kompetenzen erfassen und beurteilen

2012 wurde ein bundesweites Anerkennungsgesetz eingeführt, welches prüft, ob die im Ausland erworbenen Qualifikationen mit den inländischen Kompetenzen gleichgestellt werden können. Viele Asylbewerber haben in ihrem Herkunftsland eine Ausbildung absolviert und waren berufstätig. Um dies prüfen zu können, müssen die Flüchtlinge ein Anerkennungsverfahren durchlaufen und ihre Nachweise vorlegen. Viele von ihnen besitzen jedoch keinen Nachweis mehr, da sie über die Grenze nur das Nötigste mitgenommen haben.

Aus diesem Grund werden Asylbewerber oft überqualifiziert eingestellt. Mit verschiedenen Pilotprojekten haben einige Bundesländer versucht, die Kompetenzen der Betroffenen, ohne etwaige Nachweise festzustellen. Die anzuwendenden Maßnahmen sind die frühzeitige Kompetenzfeststellung, die Sprachförderung der Asylbewerber und weitere Integrationsmaßnahmen.

Viele der Pilotprojekte waren nur von kurzer Dauer, da man schnell gemerkt hat, dass Integration und das Erlernen einer neuen Sprache Zeit braucht. Man ist in den Gesprächen mit den Asylbewerbern an seine Grenzen gestoßen, da aufgrund der fehlenden Sprachkompetenz nur schwer die Berufsqualitäten zu erörtern waren.

Es ist wichtig, herauszufinden, an welchem Projekt bundesweit weiter gearbeitet wird, um ein standardisiertes Verfahren zu gewährleisten. Hierfür müssen mehr Daten zur Verfügung stehen. Ein wichtiger Punkt, der in künftige Pilotprojekte einfließen kann, sind standardisierte Lebensläufe, die aufzeigen, welchen Abschluss derjenige hat, sowie Sprachkenntnisse und eventuelle Berufsqualifikationen. (OECD, 2017 S. 52-56)

Empfehlung 5 – Die Heterogenität der Zuwanderer berücksichtigen und bedarfsgerechte Ansätze entwickeln

In skandinavischen Ländern gibt es langfristig ausgerichtete, individualisierte Integrationsprogramme. Deutschland hingegen stützt sich auf andere Maßnahmen zur Integration von Flüchtlingen. Hier stehen die verschiedenen Integrationskurse an erster Stelle. Deutschland verfügt über Kursangebote für Analphabeten, für Frauen, für Arbeiter und für Eltern, die das deutsche Schulsystem informiert werden sollen.

Bedeutend sind die Kurse für junge Generationen, um sie schnellstmöglich in die Arbeitswelt zu integrieren. Zudem gibt es Angebote für diejenigen, die noch nicht arbeiten können. Sie können an einem Betriebspraktikum, der sogenannten Einstiegsqualifizierung teilnehmen. Dieses Praktikum ähnelt dem ersten Jahr einer Ausbildung.

Ebenso freiwillige Dienste sind für Flüchtlinge in verschiedenen Bereichen, meist soziale Bereiche, möglich. Diese Dienste sind altersunabhängig und können in Teilzeit absolviert werden. Darüber hinaus gibt es seit August 2016 die Flüchtlingsintegrationsmaßnahme, kurz FIM. Das ist ein Programm, mit dem asylbewerben grundlegende Arbeitserfahrungen geboten werden.

Insgesamt sind die Angebote derzeit jedoch nur begrenzt zugänglich. Frauen und ehemals Selbstständige sollen in Anbetracht des hohen Anteils ebenfalls mehr in den Fokus gerückt werden. Die Aufnahme der Erwerbstätigkeit soll gezielter unterstützt werden, da es besonders für diese beide Gruppen derzeit nur wenige Förderprogramme gibt. (OECD, 2017, S. 56-62)

Empfehlung 6 – Psychische und physische Erkrankungen erkennen und Hilfen anbieten

Für diese Empfehlung wird die Studie der OECD von 2016 herangezogen.

Um die Erkrankungen frühzeitig zu erkennen gibt es bei Ankunft der Neuankömmlinge eine systematische Beurteilung des Gesundheitszustandes. Dieser erfasst hauptsächlich die körperlichen Beschwerden.

Besonders auffällig sind psychische Erkrankungen wie zum Beispiel Depressionen aufgrund von traumatischen Erfahrungen, meist aus den Herkunftsländern. Diese werden jedoch selten frühzeitig festgestellt. Ein weiteres Problem bei der Behandlung psychischer Auffälligkeiten ist die Sprachbarriere der Neuankömmlinge und das eventuelle Misstrauen in neue Systeme. Zur Verbesserung der Kommunikation arbeiten einige Länder mit Dolmetschern, um so eine Weiterbehandlung zu ermöglichen.

Eine Diagnose von Gesundheitsproblemen sollte schnellstmöglich erkannt und behandelt werden, da dies ausschlaggebend für die Zukunft der Migranten sein kann. (OECD, 2016, S. 47-48)

Empfehlung 7 – Unterstützungsangebote für unbegleitete Minderjährige entwickeln

Bei der Förderung unbegleiteter Minderjähriger geht es um wichtige Themen wie die Bestimmung des Vormundes, die Unterkunft und die Integration in Schul- und Arbeitssysteme. Wobei ersteres hier am wichtigsten ist, da Minderjährige keinen Antrag auf Asyl stellen dürfen.

Durch die stetig wachsenden Zahlen der Einreisenden kommt es zu Engpässen beim Stellen der Vormünder. Ein Vormund kann bis zu 50 Minderjährige gleichzeitig betreuen. Wenn kein Asylantrag gestellt wird, wird die Duldung ausgesprochen. Die Flüchtlinge können nicht abgeschoben werden, wenn nicht herausgefunden werden kann, ob in ihrem Heimatland ein Vormund lebt.

Mit dem Erreichen der Volljährigkeit können die bisherigen Hilfen nicht mehr gewährleistet werden. Aus diesem Grund ist es von höchster Wichtigkeit, dass es einen Vormund gibt, der weiterführende Unterstützung der Kinder- und Jugendhilfe beantragt.

Die Zeit brachte hervor, dass unbegleitete Minderjährige oftmals schnell in den Arbeitsmarkt integriert werden wollen und keine Ausbildung anfangen, da sie es vorziehen, schneller Geld zu verdienen. Deshalb müssen die langfristigen Vorteile der beruflichen und allgemeinen Bildung deutlicher vermittelt werden.

2015 hat Deutschland das Umverteilungsverfahren geändert. Die unbegleiteten Minderjährigen werden nun wie die übrigen Asylbewerber auf Bundesländer verteilt. Ein Vorteil ist, dass einige Kommunen mit zuvor höherem Ansturm entlastet werden. Ein Nachteil ist, dass Gemeinden, die wenig Erfahrung haben, mit Schwierigkeiten konfrontiert werden.

Die Aufnahme Minderjähriger erfordert bestimmte Voraussetzungen, wie z.B Kapazitäten der Jugendämter und Bildungsbehörden. Zudem wichtig sind spezielle Fachkenntnisse, psychosoziale Betreuung und eine gute Koordinierung der zuständigen Organisationen.

Abschließend festzuhalten ist, dass der wichtigste Schritt zur Verbesserung der Integration der unbegleiteten Minderjährigen darin besteht, die Fallzahl für die Vormünder überschaubarer zu gestalten. So kann besser auf die speziellen Bedürfnisse der Jugendliche eingegangen werden. (OECD, 2017, S. 62-65)

Empfehlung 8 – Die Zivilgesellschaft in die Integration einbeziehen

Die Zivilgesellschaft ist ein Bereich innerhalb der Gesellschaft und siedelt sich zwischen dem staatlichen, wirtschaftlichen und privaten Bereich an. Sie umfasst die Gesamtheit der sozialen Interaktion der Bürger. Dazu gehören zum Beispiel Vereine, soziale Bewegungen und Verbände. Die Integration von Asylbewerbern kann mithilfe der Gesellschaft erleichtert werden. Dabei spielt die Zivilgesellschaft eine bedeutende Rolle. Sie können dann helfen, wenn der Staat ausgelastet ist. Viele Freiwillige sind bereit, Kleidung zu spenden, unterstützen die Flüchtlinge mit ihrer Sprachkenntnis oder helfen in Flüchtlingsheimen aus.

Knapp 50% der Arbeitgeber sind bereit, die Asylbewerber zu unterstützen, damit diese schneller in den Arbeitsmarkt gelangen. Dies gelingt zum einen durch Hilfen bei Bewerbungsschreiben sowie Lebensläufen, zum anderen durch Schulungen zur Nutzung eines Computers.

Darüber hinaus gibt es weitere Initiativen, wie zum Beispiel Start Up Unternehmen, die Plattformen für Flüchtlinge erstellen, in denen Arbeitgeber freie Stellen ausschreiben können. Die zivilgesellschaftlichen Initiativen sind nicht mit den Integrationsmaßnahmen gleichzustellen, jedoch sind sie eine große Hilfe für eine schnellere Integration von Flüchtlingen. Um das Potential der Initiativen weiter zu fördern, ist das Mentoring Programm von großer Bedeutung. Dieses unterstützt Neuankömmlinge bei Sprachkursen, Gängen zu Behörden und bei Sprachkursen. (OECD, 2017, S. 65-66)

Empfehlung 9 – Die Koordinierung zwischen den staatlichen Ebenen und den verschiedenen beteiligten Akteuren verbessern

Es gibt zwei Stellen die für die Integration zuständig sind. Das ist zum einen die Bundes Agentur für Arbeit und zum anderen das Jobcenter. Da dies oft zu Komplikationen führt, ist es wichtig, eine einheitliche Vorgehensweise im gesamten Land anzustreben.

Die Agentur für Arbeit ist für die Asylbewerber zuständig. Das Jobcenter für die Flüchtlinge. Ändert sich der Status der Einreisenden, wechselt die Zuständigkeit der Betreuung. Für diesen Wechsel gibt es noch kein Verfahren, weshalb dies immer mit

Problemen und Komplikationen einhergeht. Eine Möglichkeit, dem entgegenzuwirken ist die Überlegung des Zusammenführens der Verantwortlichkeiten. Das heißt, das Jobcenter wäre sowohl für die Flüchtlinge, als auch für die Asylbewerber zuständig. (OECD, 2017, S. 66-68)

Empfehlung 10 – Der Tatsache Rechnung tragen, dass die Integration von geringqualifizierten humanitären Zuwanderern langfristige Schulungs- und Fördermaßnahmen erfordert

Dieser Punkt der Empfehlung stammt aus der Studie 2016, da diese Empfehlung in der Studie von 2017 zwar aufgelistet wird, jedoch nicht näher erläutert.

Langfristige Fördermaßnahmen für Zuwanderer sind kostspielig, aber auch notwendig, um eine erfolgreiche Integration erreichen zu können. Im Hinblick auf die Zukunft zahlt sich die lange Förderung aus, da die Zuwanderer so auf den Arbeitsmarkt gelangen und die Chance haben, langfristig gute Arbeit zu finden. Durch die Flexibilisierung der Maßnahmen können mehr Abendkurse gegeben werden, sowie bessere Kinderbetreuung in dieser Zeit. Die Kinder der Migranten haben ebenfalls bessere Chancen, da die Eingliederung und die spätere Arbeitssuche für sie erleichtert werden. (OECD, 2016, S. 63-64)

Literaturverzeichnis

Locallux: Die Max-Weber-Theorie des sozialen Handelns Abgerufen am 07.03.2022
https://triangleinnovationhub.com/max-weber-rsquo-s-theory-social-action

Abels, H. (2019) Einführung in die Soziologie Band 2: Die Individuen ihrer Gesellschaft
5. Auflage. Wiesbaden: Springer VS

Abels, H. (o.J). Einführung in die Soziologie Band 2: Die Individuen in ihrer
Gesellschaft 5. Auflage. Wiesbaden: Springer VS.

Weber, M. (1985) Gesammelte Aufsätze zur Wissenschaftslehre. Hrsg. von Johannes
Winckelmann. Tübingen: Zeno.org

Weber, M.(1980) Wirtschaft und Gesellschaft: Grundriß der verstehenden Soziologie,
Tübingen: Zeno.org

J.C.B. Mohr(2002), Wirtschaft und Gesellschaft 5. Auflage Tübingen: Mohr Siebeck

Kernbaum, V.(2009), Soziale Gruppen - Ihre Funktion, Art und ihre Dynamik, München,
Page: Imprint: GRINVerlagOHG, Abgerufen am 07.03.2022
https://www.hausarbeiten.de/document/140931

Schäfers, B. (2006) Einführung in Hauptbegriffe der Soziologie Wiesbaden: VS Verlag
für Sozialwissenschaften abgerufen am 07.03.2022
https://link.springer.com/chapter/10.1007/978-3-531-90032-2_7

Prändl, I. (2011). Individuum- Gruppe- Gesellschaft. Abgerufen am 22.02.2022 von
http://gesellschaft.psycho-wissen.net/die-gruppe/index.html

Kroeber-Riel, W. (1992) Konsumverhalten 5.Auflage. Abgerufen am 06.03.2022
http://www.wirtschaftslexikon24.com/d/soziale-gruppe/soziale-gruppe.htm

Voigt, D. Studienbrief soziologische Grundlagen der Sozialen Arbeit 1 Auflage August
2017

Abgerufen am 06.03.2022 https://www.oecd.org/ueber-uns/

OECD. (2016). Erfolgreiche Integration: Flüchtlinge und sonstige Schutzbedürftige
OECD Publishing https://doi.org/10.1787/9789264251632-de

OECD (2017). Arbeitsmarkt-Integration von Flüchtlingen in Deutschland OECD
Publishing.